ALCESTE

TRAGÉDIE LYRIQUE EN TROIS ACTES

REPRÉSENTÉE, SUR LE THÉATRE DE L'ACADÉMIE IMPÉRIALE DE MUSIQUE

LE LUNDI 21 OCTOBRE 1861

LA MUSIQUE EST DE GLUCK

LE POËME EST DE M. LE BAILLI DU ROLLET

Prix : 1 franc

PARIS
MADAME VEUVE JONAS, LIBRAIRE-ÉDITEUR DE L'OPÉRA
4, RUE MANDAR, 4
—
1861

ALCESTE

TRAGÉDIE LYRIQUE EN TROIS ACTES

REPRÉSENTÉE, POUR LA PREMIÈRE FOIS, PAR L'ACADÉMIE ROYALE DE MUSIQUE

Le Mardi 16 Avril 1776

LA MUSIQUE EST DE GLUCK

LE POËME EST DE M. LE BAILLI DU ROLLET

PARIS
MADAME VEUVE JONAS, LIBRAIRE-ÉDITEUR DE L'OPÉRA
4, RUE MANDAR, 4

1861

ALCESTE

MARDI 16 AVRIL 1776

—

ADMÈTE, roi de Thessalie. . . . . M. Le Gros.
ALCESTE, épouse d'Admète . . . . . Mlle Le Vasseur.
APOLLON, protecteur de la maison
    d'Admète . . . . MM. Moreau.
LE GRAND PRÊTRE D'APOLLON. . . Gelin.
ÉVANDRE, un des chefs du peuple de
    Phère. . . . . Tirot.
UN DIEU INFERNAL. . . . . La Suze.

DANSE.

Acte II.

MM. Le Doux, Le Breton.
Mlles Delfèvre, Dubois.

Acte III.

M. Vestris, Mlles Allard et Peilin;
M. Gardel, Mlle Guimard.
M. Vestris fils, Mlle Heinel.

AVERTISSEMENT

Si ce Poëme a quelque succès, ce sera à M. CALSABIGI que nous en serons redevables. Non-seulement nous avons suivi en partie le plan de son *Alceste*, mais nous en avons encore emprunté plusieurs détails, afin de conserver un grand nombre de morceaux de la Musique la plus passionnée, la plus énergique, la plus théatrale qu'on ait entendue sur aucun théatre de l'Europe depuis la renaissance de ce bel art. C'est cette raison qui nous a fait sacrifier un dénouement que nous osons croire heureux pour y en substituer un dont nous ne dissimulerons pas la défectuosité ; mais nous espérons que le public s'en trouvera dédommagé par la Musique.

Nous espérons que la contrainte à laquelle nous avons été forcés de nous assugetir, nous fera pardonner quelques licences que nous avons cru pouvoir nous permettre ; d'ailleurs, nous croyons que dans les Vers lyriques on peut s'affranchir de beaucoup d'entraves auxquelles on se soumet dans tout autre genre de Poësie, et qui n'existeroient pas, si parmi nous, comme autrefois chez les Grecs, la Musique et la Poësie étoient deux Arts inséparables.

ALCESTE

VENDREDI 22 OCTOBRE 1779

ALCESTE, épouse d'Admète	Mlle Le Vasseur.
ADMÈTE, roi de Thessalie	MM. Le Gros.
LE GRAND PRÊTRE D'APOLLON	Durand.
ÉVANDRE, un des chefs du peuple de Phère	Lainé.
HERCULE	Larrivée.
UNE DIVINITÉ INFERNALE	Durand.
LE HÉRAUT	Moreau.
DEUX PRÊTRES	Cheron. Lablat.
L'ORACLE D'APOLLON	Péré.
APOLLON, protecteur de la maison d'Admète	Moreau.
PREMIÈRE GRECQUE	Mlle Dubuisson.
DEUXIÈME GRECQUE	Mlle Le Bourgeois.
Deux Enfants d'Admète et d'Alceste	MM. Moreau.
UN DIEU INFERNAL	Durand.

Acte Ier.

PRÊTRESSES.

Mlles Martin, Rozé, Le Houx, Puisieux, Duboulay, Couturier, Ruard, Forbin, Dargeville, de Cressy, Iphigénie.

DANSE.

Acte II.

M. Favre;
Mlles Aliard, Peslin;
MM. Barré, Olivier;
Mlles Victoire, Coulon;
MM. Coster, Giguet, Ducel, La Rue, Guillet 1er, Clerget, Guingret, Grécourt.
Mlles Henriette, Carré, Villette, Thiery, Courtois, Élize, Darzy, Jenny.

Acte III.

M. Vestris;
Mlle Heynel;
M. Gardel, Mlle Cécile;
MM. Le Doux, Le Breton, Barré, Olivier;
Mlles Bigolini, Augutte, Victoire, Coulon;
MM. Hennequin, Simonet, Rivet, Le Bel, Trupty, Desplaces, Henri, Duchaire;
Mlles Le Houx, Puisieux, Thiery, Saulnier, Courtois, Jouveau, Jenny, Élize.

La décoration du premier acte est faite d'après les dessins de M. Machi, et exécutée par lui.

VENDREDI 24 FÉVRIER 1786

—

ALCESTE	Mlle SAINT-HUBERTI.
ADMÈTE	MM. LAINÉ.
HERCULE	LARRIVÉE.
LE GRAND PRÊTRE	CHERON.
ÉVANDRE	ROUSSEAU.
UN HÉRAUT D'ARMES	MOREAU.
APOLLON	MOREAU.
UNE DIVINITÉ INFERNALE	CHARDINI.
L'ORACLE	CHARDINI.
PREMIÈRE CORYPHÉE	Mlle GAVAUDAN.
ECONDE CORYPHÉE	Mlle JOINVILLE.

DANSE.

Acte 1er.

Mlle Zacharie ;

Acte II.

MM. Siville, Gueneté ;
Mlles Coulon, Hiligeberg, Troche ;
M. Laurent, Mlle Masson.
M. Nivelon ;
Mlle Guimard.

Acte III.

MM. Gardel, Favre ;
Mlles Saulnier, Miller ;
M. Nivelon.

13 MESSIDOR AN V (1797).

La musique est de GLUCK.

Le poëme est du BAILLY-DU ROULLET.

Les décorations sont du C. DEGOTTY.

ALCESTE	la C^{ne} MAILLARD.
ADMÈTE.	le C. LAINÉ.
HERCULE	le C. ADRIEN.
LE GRAND PRÊTRE	le C. ADRIEN.
ÉVANDRE.	le C. Lefèvre.
UN HÉRAUT D'ARMES	le C. VILLOTEAU.
APOLLON	le C. BERTIN.
UNE DIVINITÉ INFERNALE	le C. DUFRESNE.
L'ORACLE.	le C. VILLOTEAU.
PREMIÈRE CORYPHÉE	la C^{ne} GUENET.
DEUXIÈME CORYPHÉE	la C^{ne} MULOT.

ALCESTE

20 AVRIL 1825

ADMÈTE.	MM. Nourrit.
HERCULE	Dérivis.
LE GRAND PRÊTRE	Prévot.
APOLLON	Hinkindt.
ÉVANDRE	Trévaux.
UN HÉRAUT.	Picard.
UNE DIVINITÉ INFERNALE	Bonel.
ALCESTE.	Mme Branchu.
UNE SUIVANTE.	Mlle Reine.

ALCESTE

LE LUNDI 21 OCTOBRE 1861
SUR LE THÉATRE IMPÉRIAL DE L'OPÉRA

ADMÈTE..................	MM. Michot.
LE GRAND PRÊTRE..........	Cazeaux.
UNE DIVINITÉ INFERNALE......	Coulon.
HERCULE...............	Borchardt.
APOLLON...............	Grisy.
ÉVANDRE...............	Kœnig.
UN HÉRAUT..............	Fréret.
ALCESTE................	Mme Pauline Viardot.
UNE SUIVANTE............	Mlle de Taisy.

(*La scène est dans la ville de Phère, en Thessalie.*)

DIVERTISSEMENT DE M. PETIPA

DÉCORS DE MM. NOLAU, RUBÉ, CAMBON ET THIERRY

Le nombre des représentations d'Alceste s'élevait, au 20 septembre 1826, à 283.

AVIS

S'adresser, pour la mise en scène exacte de l'ouvrage, à M. Colleuille, Régisseur de la Scène du Théâtre Impérial de l'Opéra, rue Drouot.

Pour les maquettes ou dessins des décors, ainsi que les dessins des costumes, et tout ce qui concerne le matériel de la pièce, s'adresser à l'Agence David fils, 9, rue Saint-Georges, à Paris.

ALCESTE

DEUX OMBRES.

Mlles Volter, 1re et 2me.

DOUZE SPECTRES.

MM. Lefèvre.	MM. Montfalet.	MM. Gondoin.	MM. Fournier.
Millot.	Scio.	Josset.	Meunier.
Caré.	Darcourt.	Galland.	Michaux.

DOUZE PRÊTRES.

MM. Millot.	MM. Bion.	MM. Gondoin.	MM. Fournier.
Caré.	Scio.	Josset.	Meunier.
Montfalet.	Darcourt.	Galland.	Michaux.

VINGT-SEPT GARDES EN TROIS CORPS.

VINGT-QUATRE HOMMES DU PEUPLE.

DEUX SACRIFICATEURS.

VINGT FEMMES DU PEUPLE.

Mlles Mauperin, 2me.	Mlles Pouilly.	Mlles Sanlaville.	Mlles Frimat.
Vidal.	Malot, 1re.	Desvignes.	Simon, 2me.
Santanéra.	Demerson.	Dauwes.	Georgeault.
Jousset.	Alexandre.	Balson.	Valet.
Caron.	Brach, 2me.	Lesage.	De Marconnay.

HUIT PORTEURS DE PRÉSENTS.

| Mlles Canet. | Mlles Laurency. | Mlles Munier. | Mlles Thomasson. |
| Allias. | Piquart. | Ribet, 1re. | Parent, 2me. |

DEUX ENFANTS D'ALCESTE.

Mlle Gabot.   Mlle Malot, 2me.

QUATRE SUIVANTES.

| Mme Meunier. | Mme Letellier. | Mme Meurant. | Mme Ewans. |

DOUZE PRÊTRESSES.

Mmes Lefèvre.	Mmes Péroly.	Mmes Lescars.	Mmes Arbel.
Bulher.	Guéroult.	Lacroix.	Carrel.
Touzard.	Masson.	Gabot.	Jardin.

BALLET.

Pas de trois.

Mlles Villiers, Savel, Genat.

CORYPHÉES.

Premier corps.	*Deuxième corps.*	*Troisième corps.*
Mlles Parent.	Mlles Danse.	Mlles Condoin.
Baratte.	Villeroy.	Minet.
Lamy.	Morlot.	Tarlé.
Ségaud.	Crétin.	Montaubry.
Poinet.	Laurent.	Pilatte.
Fiocre.	Leroy.	Bourguignon.
Giraut.	Thibert.	Rust.
Cassegrain.	Gambelon.	Deleonet.

ALCESTE

PREMIERS DESSUS.

Coryphée : Mlle Granier.

Mmes Morlot.	Mmes Courtois.	Mmes Stech.	Mmes Lebrun.
Garrido.	Bertin.	Laudie.	Lasserre.
Marcus.	Godallier.	Mignot.	

SECONDS DESSUS.

Mmes Lemarre.	Mmes Prély.	Mmes Hubert.	Mme Klemezinski.
Albertini.	Odot.	Motteux.	
Mariette.	Lourdin.	Parent.	

TROISIÈMES DESSUS.

| Mmes Vaillant. | Mmes Brousset. | Mmes Metzger. | Mmes Guillaumot. |
| Charpentier. | Jacquin. | Vogler. | Laurence. |

QUATRIÈMES DESSUS.

Coryphée : Mme Christian.

Mmes Jacques.	Mmes Cusse.	Mmes Rouaud.	Mmes Barral.
Tissier.	Schwab.	Cotteignies.	Paulus.
Ghiringhelli.			

PREMIERS TÉNORS.

MM. Caraman, Chazotte, coryphées.

MM. Louvergne.	MM. Bresnu.	MM. Marty.	MM. Chapron.
Cresson.	Laissement.	Dupuis.	
Desdet.	Laforge.	Prieux.	

DEUXIÈMES TÉNORS.

M. Donzel, coryphée.

MM. Valgalier.	MM. Marin.	MM. Lalande.	MM. Hamger.
Fleury.	Laborde.	Bay.	Fille.
Foy.	Couteau.	Blanc.	Connaisson.

PREMIÈRES BASSES.

Coryphées : MM. Canaple, Noir.

| MM. Hano. | MM. Hennon. | MM. Margaillan. | MM. Cailleteau. |
| Delahaye. | Gentile. | Lejeune. | |

DEUXIÈMES BASSES.

Coryphée : Georget.

MM. Mouret.	MM. Menoud.	MM. Danel.	MM. George.
Jacques.	Jary.	Fayet.	Hourdin.
Boussagol.	Vanhoof.	Thuillart.	Debaene.
Marjollet.			

NOTE

C'est à Vienne, de **1761** à **1764**, que Gluck écrivit les partitions d'*Alceste*, *Pâris et Hélène* et *Orphée*. Nous croyons devoir reproduire ici l'épître dédicatoire dont il fit précéder *Alceste*, car elle offre d'autant plus d'intérêt que de cet ouvrage date la réforme de son style et la révolution musicale qu'il a opérée dans la tragédie lyrique.

Nous pensons qu'on la lira avec plaisir, parce qu'elle est de nature à mieux faire connaître les principes de cet immense génie musical, que ne pourraient le faire des volumes de dissertations.

ÉPITRE DÉDICATOIRE D'ALCESTE
AU GRAND-DUC DE TOSCANE

« Lorsque j'entrepris de mettre en musique l'opéra d'*Alceste*, je me proposai d'éviter
» tous les abus que la vanité mal entendue des chanteurs, et l'excessive complaisance des
» compositeurs avaient introduits dans l'opéra italien, et qui du plus pompeux et du plus
» beau des spectacles en avaient fait le plus ennuyeux et le plus ridicule.

» Je cherchai à réduire la musique à sa véritable fonction, celle de seconder la poésie
» pour fortifier l'expression des sentiments et l'intérêt des situations, sans interrompre
» l'action et la refroidir par des ornements superflus ; je crus que la musique devait
» ajouter à la poésie ce qu'ajoute à un dessin correct et bien composé la vivacité des cou-
» leurs et l'accord heureux des lumières et des ombres, qui servent à animer les figures
» sans en altérer les contours. Je me suis donc bien gardé d'interrompre un acteur dans
» la chaleur du dialogue, pour lui faire attendre la fin d'une ennuyeuse ritournelle, ou de
» l'arrêter, au milieu de son discours, sur une voyelle favorable, soit pour déployer, dans
» un long passage, l'agilité de sa belle voix, soit pour attendre que l'orchestre lui donnât
» le temps de reprendre haleine pour faire un point d'orgue.

» Je n'ai pas cru non plus devoir ni passer rapidement sur la seconde partie d'un air,
» lorsque cette seconde partie était la plus importante, afin de répéter régulièrement quatre
» fois les paroles de l'air, ni finir l'air où le sens ne finit pas, pour donner au chanteur la

» facilité de faire voir qu'il peut varier à son gré, et de plusieurs manières, un passage.
» Enfin, j'ai voulu proscrire tous les abus contre lesquels depuis longtemps se récriaient
» en vain le bon sens et le bon goût.

» J'ai imaginé que l'ouverture devait prévenir les spectateurs sur le caractère de l'action
» qu'on allait mettre sous leurs yeux, et leur en indiquer le sujet ; que les instruments ne
» devaient être mis en action qu'en proportion du degré d'intérêt et de passion, et qu'il
» fallait éviter surtout de laisser dans le dialogue une disparate trop tranchante entre l'air
» et le récitatif, afin de ne pas tronquer à contre-sens la période, et de ne pas interrompre
» mal à propos le mouvement et la chaleur de la scène.

» J'ai cru encore que la plus grande partie de mon travail devait se réduire à chercher
» une belle simplicité, et j'ai évité de faire parade de difficultés aux dépens de la clarté :
» je n'ai attaché aucun prix à la découverte d'une nouveauté, à moins qu'elle ne fût natu-
» rellement donnée par la situation et liée à l'expression ; enfin, il n'y a aucune règle que
» je n'aie cru devoir sacrifier de bonne grâce en faveur de l'effet.

» Voilà mes principes ; heureusement, le poëme se prêtait merveilleusement à mon
» dessein. Le célèbre auteur d'*Alceste*, Calsabigi, ayant conçu un nouveau plan de drame
» lyrique, avait substitué aux descriptions fleuries, aux comparaisons inutiles, aux froides
» et sentencieuses moralités, des passions fortes, des situations intéressantes, le langage
» du cœur et un spectacle toujours varié. Le succès a justifié mes idées, et l'approbation
» universelle, dans une ville aussi éclairée, m'a démontré que la simplicité et la vérité sont
» les grands principes du beau dans toutes les productions des arts, etc., etc. »

GLUCK.

ALCESTE

TRAGÉDIE-OPÉRA EN TROIS ACTES

ACTE PREMIER

Le théâtre représente une place publique; sur un des côtés on voit en avancement le palais d'Admète, sur la porte duquel est un balcon en saillie; le fond du théâtre représente le portique du temple d'Apollon. Une foule de peuple, dans l'agitation et dans l'attitude de la crainte et de la douleur, remplit la place.

SCÈNE PREMIÈRE
UN HÉRAUT, ÉVANDRE, CHOEUR.

LE CHOEUR.
Dieux! rendez-nous notre roi, notre père.

LE HÉRAUT, *sur le balcon.*
Peuple, écoutez et redoublez vos pleurs,
Vous allez éprouver le plus grand des malheurs!
Admète touche à son heure dernière,
L'impitoyable mort est prête à le saisir;
Et nul secours humain ne peut plus le ravir
  A sa main meurtrière.

LE CHOEUR.
O dieux! qu'allons-nous devenir?
Non, jamais le courroux céleste,
Sur des mortels qu'il veut punir,
N'a frappé de coup plus funeste.

ÉVANDRE.
Suspendez vos gémissements,
Le palais s'ouvre.

PLUSIEURS VOIX.
  Ah! je frémis, je tremble.

ÉVANDRE.
La reine vient à nous, vous voyez ses enfants,
Dieux! que d'infortunés ce lieu fatal rassemble.

SCÈNE II
Les Précédents, ALCESTE *et* ses Enfants.

CHOEUR *à deux parties.*
O malheureux Admète! ô malheureuse Alceste!
O trop cruel destin! ô sort vraiment funeste!

TOUS.
Objets si tendrement chéris,
Enfants infortunés! seul espoir qui nous reste!
Nous ses sujets!... ou plutôt ses amis,
Pour qui cent fois il exposa sa vie.
O dieux! qu'allons-nous devenir!
Malheureuse patrie!
O dieux! qu'allez-vous devenir?

ALCESTE.
Sujets du roi le plus aimé,
Vous répandez des pleurs, hélas! trop légitimes!
Par son amour pour vous, par ses vertus sublimes,
Il faisait le bonheur de son peuple charmé;
Il faisait le bonheur d'une épouse chérie,
  Qui ne saurait vivre sans lui.
Faibles enfants, sans espoir, sans appui,
Les yeux à peine ouverts au néant de la vie,
  O dieux! qu'allez-vous devenir?

LE CHOEUR.
Malheureuse patrie!
O dieux! qu'allons-nous devenir?

ALCESTE.
Hélas! dans ce malheur extrême,
Nous n'avons plus d'espoir qu'en leur bonté suprême,
Eux seuls peuvent nous secourir.

AIR.
Grands dieux! du destin qui m'accable,
Suspendez du moins la rigueur;
Et sur l'excès de mon malheur
Jetez un regard favorable!
Rien n'égale mon désespoir,
Mes tourments, ma douleur amère:
Si l'on n'est pas épouse et mère,
On ne saurait les concevoir.
O vous, dont les tendres appas
Sont l'image, à mes yeux si chère,
De mon époux, de votre père,
Venez! jetez-vous dans mes bras...
Quand je vous presse sur mon sein,
Mes chers fils! mon cœur se déchire;

Je sens augmenter mon martyre,
En pensant à votre destin.
Rien n'égale, etc.

ALCESTE, *au peuple.*

Suivez-moi dans le temple, allons offrir aux dieux
Nos sacrifices et nos vœux.
Au pied de leurs autels arrosés de mes larmes,
Ils verront une épouse en pleurs,
Des enfants menacés du plus grand des malheurs :
Tout un peuple accablé des plus vives alarmes.
Peut-être à cet aspect touchant,
Ces dieux, notre unique espérance ;
Par la pitié, par la clémence,
Laisseront-ils fléchir leur courroux menaçant.
(*Elle sort.*)

LE CHOEUR.

O dieux ! qu'allons-nous devenir ?
Non, jamais le courroux céleste,
Sur des mortels qu'il veut punir,
N'a frappé de coup plus funeste.

SCÈNE III

Le théâtre représente le temple d'Apollon ; la statue colossale de ce dieu paraît au milieu du temple.

LES PRÊTRES *et* LES PRÊTRESSES.

LE GRAND PRÊTRE *et* LE CHOEUR, *alternativement.*

Dieu puissant, écarte du trône,
De la mort le glaive effrayant ;
Perce, d'un rayon éclatant,
Le voile affreux qui l'environne.

LE GRAND PRÊTRE.

Ressouviens-toi ! que, sur ce bord fertile,
Banni des cieux, dans ta course incertain,
Admète t'offrit un asile
Contre les rigueurs du destin.

LE CHOEUR.

Dieu puissant, etc.

LE GRAND PRÊTRE.

Suspendez vos sacrés mystères ;
La reine vient mêler ses vœux à nos prières.

SCÈNE IV

LES PRÉCÉDENTS, ALCESTE.

ALCESTE.

Immortel Apollon ! toi, dont l'œil pénétrant,
Des replis de nos cœurs perce la nuit obscure ;
Si dans le mien, à ton culte constant,
Tu n'aperçus jamais qu'une piété pure,
Un chaste amour, des désirs innocents ;
Daigne prendre pitié du tourment qui m'accable,
Et jette un regard favorable
Sur cette offrande et ces présents ?

(*On porte des présents au Dieu: on brûle des parfums ; les Prêtres et Prêtresses vont chercher la victime, le Grand Prêtre l'immole et en examine les entrailles.*)

LE GRAND PRÊTRE.

Apollon est sensible à nos gémissements,
Et des signes certains m'en donnent l'assurance
Plein de l'esprit divin qu'inspire sa présence,
Je me sens élever au-dessus d'un mortel.
Quelle lumière éclatante
Entoure la statue, et brille sur l'autel !
Tout m'annonce du Dieu la présence suprême,
Ce Dieu sur nos destins veut s'expliquer lui-même.
L'horreur d'une sainte épouvante,
Se répand autour de moi ;
La terre sous mes pas fuit et se précipite ;
Le marbre est animé, le saint trépied s'agite,
Tout se remplit d'un juste effroi ;
Il va parler ; saisi de crainte et de respect,
Peuple observe un profond silence,
Reine dépose à son aspect
Le vain orgueil de la puissance.
Tremble.

L'ORACLE, *sortant de la Statue.*

Le Roi doit mourir aujourd'hui,
Si quelque autre au trépas ne se livre pour lui.

LE GRAND PRÊTRE *et le* CHOEUR, *à la fois.*

LE GRAND PRÊTRE.

Tout se tait ! qui de vous à la mort veut s'offrir ?
Personne ne répond, votre roi va mourir.

LE CHOEUR.

Quel oracle funeste !
Fuyons ! nul espoir ne nous reste,
Admète, du destin tu vas subir les coups.
Fuyons !

SCÈNE V

ALCESTE, *seule.*

Où suis-je, ô malheureuse Alceste !
Voilà donc le secours que j'attendais de vous,
Dieux puissants ! cher époux tu vas perdre la vie,
Sans espoir elle t'est ravie,
Si quelque autre pour toi ne se livre à la mort.
Il n'est plus pour moi d'espérance ;
Tout fuit, tout m'abandonne à mon funeste sort :
De l'amitié, de la reconnaissance,
J'espérerais en vain un si pénible effort.
Ah ! l'amour seul en est capable,
Cher époux ! tu vivras, tu me devras le jour,
Ce jour dont te privait la parque impitoyable,
Te sera rendu par l'amour.

AIR.

Non ce n'est point un sacrifice,
Eh! pourrais-je vivre sans toi?
Sans toi, cher Admète, ah! pour moi,
La vie est un affreux supplice.
Effort cruel! ô désespoir!
Il faut donc renoncer, cher objet de ma flamme,
Renoncer pour jamais à régner dans ton âme,
Au plaisir de t'aimer, au bonheur de te voir.
Non, ce n'est point un sacrifice
Et pourrais-je vivre sans toi?
O mes enfants! ô regrets superflus!
Objets si chers à ma tendresse extrême,
Images d'un époux que j'adore et qui m'aime!
O mes fils! mes chers fils, je ne vous verrai plus!
Non, ce n'est point un sacrifice, *etc*

RÉCITATIF.

Arbitres du sort des humains,
Terribles Déités qui tenez dans vos mains
Nos fragiles destinées,
J'invoque vos serments, ne les trahissez pas!
Tranchez le fil de mes années,
Pour mon époux, je me livre au trépas.

SCÈNE VI

ALCESTE, LE GRAND PRÊTRE, *rentrant inspiré.*

Tes destins sont remplis. Déjà la mort s'apprête
A dévorer sa proie, et plane sur sa tête,
Et ton époux respire aux dépens de tes jours.
Dès que l'astre brillant aura fini son cours,
Et que le jour fera place aux ténèbres,
Du Dieu des morts les ministres funèbres
Viendront t'attendre aux portes de l'enfer.

ALCESTE.

J'y volerai remplir un devoir qui m'est cher.

SCÈNE VII

ALCESTE, *seule.*

AIR :

Divinités du Styx, ministres de la mort,
Je n'invoquerai point votre pitié cruelle,
J'enlève un tendre époux à son funeste sort;
Mais je vous abandonne une épouse fidèle.
Mourir pour ce qu'on aime, est un si doux effort,
Une vertu si naturelle,
Mon cœur est animé d'un plus noble transport.
Je sens une force nouvelle,
Je vole où mon amour m'appelle.
Mon cœur est animé d'un plus noble transport.
Divinités du Styx, ministres de la mort,
Je n'invoquerai point votre pitié cruelle.

ACTE DEUXIÈME

Le théâtre représente un vaste salon du palais d'Admète.

SCÈNE PREMIÈRE

ÉVANDRE, PEUPLE, *qui entre en chantant et en dansant.*

LE CHŒUR.

Que les plus doux transports succèdent aux alarmes!
Le Ciel vient de tarir la source de nos larmes.
Vive Admète, vive à jamais,
Un roi, si cher à ses sujets.
Vive Admète, vive à jamais;
Qu'il règne, qu'il vive à jamais!

BALLET.

(*Après le ballet, reprise du chœur avec la danse.*)

Que les plus doux transports succèdent aux alarmes!
etc., etc., etc.

SCÈNE II

LES PRÉCÉDENTS, ADMÈTE.

(*Plusieurs embrassent les genoux d'Admète.*)

O mon roi!... notre appui!... notre père!... O mon
O roi le plus chéri, le plus digne de l'être! [maître!

ADMÈTE.

Ô mes enfants! ô mes amis!
Vous pénétrez mon cœur de la plus douce ivresse;
Je verse dans vos bras des larmes de tendresse.
O mes enfants! ô mes amis!
Vous m'aimez, mes vœux sont remplis.
Mais par quel art nouveau, par quel heureux miracle,
Des portes du trépas ramené parmi vous,
Goûté-je des plaisirs si sensibles, si doux?

ÉVANDRE.

Sur vos destins s'est expliqué l'oracle;
Vos jours allaient finir, si quelque autre à la mort
   Ne s'offrait pour victime.
Un héros inconnu, par un effort sublime
A satisfait pour vous à la rigueur du sort.

ADMÈTE.

Oracle affreux! ô rigueur inouïe!
De vos faveurs, grands Dieux! sont-ce là les effets?
Croyez-vous qu'à ce prix je puisse aimer la vie;
Moi qui consentirais qu'elle me fût ravie,
   Pour le dernier de mes sujets?

LES CORYPHÉES, *alternativement avec le chœur.*

Vivez, aimez des jours dignes d'envie,
Jouissez du bonheur de combler tous les vœux
   De l'épouse la plus chérie :
   De rendre tout un peuple heureux.
   Ah! quel que soit cet ami généreux
   Qui pour son roi se sacrifie,
   Mourant pour vous, pour la patrie,
   Son sort est assez glorieux.
          (*On danse.*)

ADMÈTE.

Alceste, chère Alceste, ah! qu'il m'est doux de vivre,
Pour adorer encor vos vertus, vos appas!
   Mais, pourquoi ne vient-elle pas
Partager les transports où tout mon cœur se livre?

ÉVANDRE.

C'est à ses cris, c'est à ses pleurs puissants,
Que les dieux en courroux ont calmé leur colère;
A ces dieux adoucis sa touchante prière
Adresse en ce moment des vœux reconnaissants.

SCÈNE III

LES PRÉCÉDENTS, ALCESTE, *avec sa suite.*

ADMÈTE, *vivement, en courant à Alceste.*
Alceste!

ALCESTE.
      Cher époux!

ALCESTE *et* ADMÈTE.
      O moment fortuné!

ADMÈTE.

Je te revois!

ALCESTE.
      Tu vis! les dieux m'ont exaucée.

ENSEMBLE.

Je ne crains plus du sort le courroux obstiné,
Et ma douleur est effacée.

LE CHŒUR.

Plus de pleurs, plus de tristesse,
Livrons-nous à l'allégresse;
Quel moment plein de douceur!
Admète va faire encore,
De son peuple qui l'adore,
Et la gloire et le bonheur.

ALCESTE.

Ces chants me déchirent le cœur.

LE CHŒUR.

Plus de pleurs, plus de tristesse, etc., etc.

ADMÈTE.

Transports flatteurs que tout mon cœur partage,
Qu'il sent bien tout le prix d'un aussi tendre hommage!
Oui, les Dieux adoucis, après tant de rigueurs,
Me font enfin jouir de toutes leurs faveurs.

CORYPHÉE, *le chœur et la danse.*

Parez vos fronts de fleurs nouvelles,
Tendres amants, heureux époux.
Et l'hymen, et l'amour, de leurs mains immortelles,
S'empressent d'en cueillir pour vous.
   Puissent vos belles destinées,
   Se prolonger au gré de vos désirs!
   Puissent la gloire et les plaisirs
Compter seuls les instants de vos longues années.
Parez vos fronts de fleurs nouvelles, *etc.*

UNE CORYPHÉE.

Heureuse épouse, tendre Alceste,
Jouissez, dans cet heureux jour,
De tous les dons de la faveur céleste,
Et des bienfaits que vous offre l'amour.
Parez vos fronts de fleurs nouvelles, *etc.*

ALCESTE.

O Dieux! soutenez mon courage;
Je ne puis plus cacher l'excès de mes douleurs,
   Et malgré moi des pleurs
S'échappent de mes yeux et baignent mon visage.

LE CHŒUR.

Parez vos fronts de fleurs nouvelles, *etc.*

ADMÈTE.

O moments délicieux!
Alceste, cher objet de toute ma tendresse :
C'est toi, c'est ton amour, qui me rend précieux!...
Mais, que vois-je! et pourquoi la plus sombre tristesse
Se peint-elle encor dans tes yeux?

ALCESTE.

Hélas!

ADMÈTE.

AIR.

Bannis la crainte et les alarmes;
Que le plaisir succède à la douleur :
C'est à lui de sécher nos larmes;
C'est par toi qu'il plaît à mon cœur.
La vie est un bienfait de la bonté céleste;
Mais ce qui me la fait chérir;
Mais tout le charme d'en jouir,
Est un don de l'amour d'Alceste.
Bannis la crainte et les alarmes, etc.

ALCESTE.

Dieux!

ADMÈTE.

Tu pleures!... je tremble!.. A de nouveaux [malheurs
Serions-nous réservés encore?
Mes enfants, où sont-ils? dissipe mes frayeurs.

ALCESTE.

Le ciel n'a point sur eux étendu ses rigueurs.

ADMÈTE.

Ils respirent, tu vis, tu sais que je t'adore;
Pourquoi donc verses-tu des pleurs?
Tu ne me réponds pas?

ALCESTE.

Dieux! que puis-je lui dire?

ADMÈTE.

Je cherche tes regards, tu détournes les yeux!
Ton cœur me fuit, je l'entends qui soupire.

ALCESTE.

O douleur! ô tourment affreux!

ADMÈTE.

Ce cœur, pour ton époux, n'est-il donc plus le [même?
Il versait dans le mien ses peines, ses plaisirs.

ALCESTE.

Les dieux ont entendu mes vœux et mes soupirs?
Ils savent, ces dieux, si je t'aime!

AIR.

Je n'ai jamais chéri la vie,
Que pour te prouver mon amour.
Ah! pour te conserver le jour,
Qu'elle me soit cent fois ravie.
Je t'aimerai jusqu'au trépas,
Jusque dans la nuit éternelle;
Et de ma tendresse fidèle,
La mort ne triomphera pas.
Je n'ai jamais chéri la vie, etc.

ADMÈTE.

Tu m'aimes, je t'adore, et tu remplis mon cœur
Des plus vives alarmes.

ALCESTE.

Ah! cher époux, pardonne à ma douleur;
Je n'ai pu te cacher mes larmes.

ADMÈTE.

Et qui les fait couler?

ALCESTE.

On t'a dit à quel prix,
Les Dieux ont consenti de calmer leur colère,
Et t'ont rendu ces jours si tendrement chéris.

ADMÈTE.

Connais-tu cet ami, victime volontaire?

ALCESTE.

Il n'aurait pu survivre à ton trépas.

ADMÈTE.

Nomme-moi ce héros?

ALCESTE.

Ne m'interroge pas!

ADMÈTE.

Réponds-moi?

ALCESTE.

Je ne puis.

ADMÈTE.

Tu ne peux?

ALCESTE.

Quel martyre

ADMÈTE.

Explique-toi?

ALCESTE.

Tout mon cœur se déchire.

ADMÈTE.

Alceste!

ALCESTE.

Je frémis!

ADMÈTE.

Alceste! au nom des dieux,
Au nom de cet amour si tendre si fidèle,
Qui fait tout mon bonheur, qui comble tous mes [vœux:
Romps ce silence affreux,
Dissipe ma frayeur mortelle.

ALCESTE.

Mon cher Admète, hélas!

ADMÈTE.

Tu me glaces d'effroi:
Parle! quel est celui, dont la pitié cruelle
L'entraîne à s'immoler pour moi?

ALCESTE

Peux-tu le demander?

ADMÈTE.

O silence funeste!
Parle! Enfin je l'exige.

ALCESTE.

Eh! quel autre qu'Alceste
Devait mourir pour toi?

LE CHŒUR.

O Dieux!

ADMÈTE.

Toi!... ciel!... Alceste!...

LE CHŒUR.

O malheureux Admète,
Que poursuit le sort en courroux!
O généreux effort d'une vertu parfaite,
Alceste meurt pour son époux.

ADMÈTE.

O coup affreux!

ALCESTE.

Admète!

ADMÈTE.

Ah! laisse-moi cruelle!
Laisse-moi.

ALCESTE.

Cher époux!...

ADMÈTE.

Non, laisse-moi mourir!
Laisse-moi succomber à ma douleur mortelle,
A des tourments que je ne puis souffrir.

ALCESTE.

Calme cette douleur, ce désespoir extrêmes.
Vis! conserve des jours si chers à mon amour.

ADMÈTE.

Tu veux mourir : tu veux me quitter sans retour?
Et tu veux que je vive? Et tu dis que tu m'aimes?
Qui t'a donné le droit de disposer de toi?
Les serments de l'amour et ceux de l'hyménée,
Ne te tiennent-ils pas à mes lois enchaînée?
Tes jours, tous tes moments ne sont-ils pas à moi?
Peux-tu me les ravir, sans être criminelle?
Peux-tu vouloir mourir! cruelle!
Sans trahir tes serments, ton époux et ta foi,
Et les dieux souffriraient cet affreux sacrifice?

ALCESTE.

Ils ont été sensibles à mes pleurs.

ADMÈTE.

D'un amour insensé, leur barbare caprice,
Approuverait les fureurs.
Non, je cours réclamer leur suprême justice;
Ils tourneront sur moi leurs coups;
Ils reprendront leur première victime,
Ou ma main ne suivant qu'un transport légitime,
Satisfera doublement leur courroux.

ALCESTE.

Arrête, ô ciel! ah! cher époux.

ADMÈTE.

AIR.

Barbare! non, sans toi je ne puis vivre;
Tu le sais, tu n'en doutes pas;
Et pour sauver mes jours, ta tendresse me livre
A des maux plus cruels cent fois que le trépas.
La mort est le seul bien qui me reste à prétendre,
Elle est mon seul recours dans mes tourments affreux;
Et l'unique faveur que j'ose encore attendre
De l'équité des Dieux.

ALCESTE.

Ah! cher époux!

ADMÈTE.

Je ne puis vivre,
Tu le sais, tu n'en doutes pas.

(Il sort.)

ALCESTE.

Opposez à ces vœux un invincible obstacle,
Grands dieux, pour mon époux, j'implore vos secours
Calmez son désespoir, et conservez ses jours!
Laissez-moi seule accomplir votre oracle.

SCÈNE IV

ALCESTE, PEUPLE.

CHOEUR.

Tant de grâces! tant de beauté,
Son amour, sa fidélité :
Tant de vertus, de si doux charmes,
Nos vœux, nos prières, nos larmes,
Grands Dieux! ne peuvent vous fléchir?
Et vous allez nous la ravir.

ALCESTE.

Dérobez-moi vos pleurs, cessez de m'attendrir.

AIR.

Ah! malgré moi, mon faible cœur partage
Vos tendres pleurs, vos regrets si touchants;
Et je sens trop dans ces cruels instants
Que j'ai besoin du plus ferme courage.

Voyez quelle est la rigueur de mon sort,
Épouse, mère et reine si chérie.,
Rien ne manquait au bonheur de ma vie,
Et je n'ai plus d'autre espoir que la mort.

Quel supplice, quelle douleur!
Il faut quitter tout ce que j'aime.
Cet effort, ce tourment extrême
Et me déchire, et m'arrache le cœur.

LE CHOEUR

Oh! que le songe de la vie
Avec rapidité s'enfuit,
Comme une fleur épanouie,
Qu'un souffle des autans flétrit.
Alceste si jeune, si belle,
Meurt au plus brillant de ses jours;
Et la parque injuste et cruelle,
De son bonheur tranche le cours.

ALCESTE.

Quel supplice, quelle douleur! etc., etc.

ACTE TROISIÈME

Le théâtre représente la même décoration qu'au second acte, mais moins éclairée, parce que le jour commence à tomber.

SCÈNE PREMIÈRE
ÉVANDRE, CORYPHÉES, PEUPLE.

ÉVANDRE *et* UNE CORYPHÉE.
Nous ne pouvons trop répandre de larmes,
Alceste touche au moment du trépas.
Son époux ne survivra pas,
A la perte de tant de charmes.

ÉVANDRE.
O peuple infortuné !

CORYPHÉE.
Quel funeste avenir !...

CHOEUR.
Pleure, ô patrie !
Ô Thessalie !
Alceste va mourir.

SCÈNE II
LES MÊMES, HERCULE *et* SA SUITE.

HERCULE, *au fond du théâtre.*
Après de longs travaux entrepris pour la gloire,
L'implacable Junon me laisse respirer.

LE CHOEUR.
Hercule !

HERCULE.
A l'amitié je puis donc me livrer,
Et jouir un moment du fruit de la victoire.
Mais que vois-je ! pourquoi répandez-vous des pleurs ?

ÉVANDRE.
Ami d'Admète, apprenez nos malheurs ;
Alceste... Admète...

HERCULE.
Admette !...

ÉVANDRE.
Hélas !

CORYPHÉE.
A l'autel de la mort elle a porté ses pas,
Malgré nos pleurs, nos cris, Admète l'a suivie.

CHOEUR.
Pleure, ô patrie !
Ô Thessalie,
Alceste va mourir !

HERCULE.
Au pouvoir de la mort je saurai la ravir !
Reposez-vous sur un ami sensible ;
Reposez-vous sur ce bras invincible !
Au pouvoir de la mort je saurai la ravir !

AIR (1).
C'est en vain que l'enfer compte sur sa victime.
Non, vous ne perdrez point l'objet de votre amour ;
Je descendrai plutôt au ténébreux abîme !
J'en jure par le dieu qui m'a donné le jour !
(*Ils sortent. Le théâtre change.*)

SCÈNE III
Le Théâtre représente un site affreux : Le fond est rempli par des arbres desséchés et brisés. Sur un côté, on voit des rochers suspendus et menaçants ; de l'autre, une caverne d'où il sort de temps en temps un feu obscur ; c'est l'entrée des Enfers : en avant des arbres, et un peu de côté, est l'autel de la Mort ; il est de pierre brute et paré d'une faux. Le jour est pâle et tombant ; il diminue progressivement.

ALCESTE, DIEUX INFERNAUX, *qu'on ne voit pas*

ALCESTE, *entrant.*
Grands dieux, soutenez mon courage !
Avançons ! Je frémis ! Consommons notre ouvrage !
Ciel ! quel séjour affreux !... Que vois-je, justes
[dieux ?
Tous mes sens sont saisis d'une terreur soudaine !
Tout de la mort, dans ces horribles lieux,
Reconnaît la loi souveraine.
Ces arbres desséchés, ces rochers menaçants,
La terre dépouillée, aride et sans verdure ;
Le bruit lugubre et sourd de l'onde qui murmure,
Des oiseaux de la nuit les funèbres accents !

CHOEUR INVISIBLE.
Que demande Alceste ?

ALCESTE.
Qui me parle ?... que répondre ?...

(1) Cet air, qui ne faisait pas partie de cet ouvrage lors de sa mise en scène à l'Académie royale de Musique, n'est pas de Gluck ; il fut ajouté à l'époque de la première reprise d'*Alceste* et passe pour être de Gossec.

Ah! que vois-je?... Quelle épouvante (1)!
Où fuir?... où me cacher? Je brûle...j'ai froid!...
Et déjà le cœur me manque!
Je le sens dans mon sein lentement palpiter.
La parole et la voix me manquent!
Je meurs!... Souffrance horrible!
Ah! la force me reste à peine
Pour me plaindre et pour trembler.
Où fuir?... où me cacher?
J'étouffe! je me meurs!... Souffrance horrible!
Ah! la force me reste à peine
Pour me plaindre et pour trembler.

CHŒUR INVISIBLE.

Où vas-tu, malheureuse?... Attends
Pour tenter de descendre aux rivages funèbres
Que le jour qui te fuit fasse place aux ténèbres!
Tu n'attendras pas longtemps!

ALCESTE.

Ah! divinités implacables,
Ne craignez pas que par mes pleurs
Je veuille fléchir les rigueurs
De vos cœurs impitoyables!
La mort a pour moi trop d'appas;
Elle est mon unique espérance!
Ce n'est pas vous faire une offense
Que de vous conjurer de hâter mon trépas!

SCÈNE IV
ADMÈTE, ALCESTE.

ALCESTE, *apercevant Admète qui entre.*

Ciel! Admète!... O moment terrible!...

(*Elle tombe au pied de l'autel.*)

ADMÈTE.

Que vois-je?... Ciel!... Alceste, justes dieux!
Aux portes des Enfers!... Alceste!

ALCESTE, *se relevant.*

Ah! malheureux!
Eh! que viens-tu chercher dans ce séjour horrible?

ADMÈTE.

La mort est tout ce que je veux;
Les Dieux cruels ont rejeté mes vœux!

ALCESTE.

Que dis-tu? Ciel!... Admète... ô désespoir affreux!
Tes sujets... nos enfants... n'es-tu donc plus leur
Vis pour garder le souvenir |père?
D'une épouse qui te fut chère,
Qui ne vivait que pour te plaire,
Et qui pour toi voulut mourir!

ADMÈTE.

Vivre sans toi! moi, vivre sans Alceste

(1) Cette scène, qui fait partie de l'*Alceste* italienne, a été donnée, traduite en prose, par M. Berlioz. Du Rollet, en remaniant le poëme de Calsabigi, l'avait supprimée, mais elle est d'un effet si dramatique qu'on n'a pas hésité à la rendre à la partition de Gluck.

Vivre pour abhorrer la lumière céleste,
Et les barbares Dieux, auteurs de tous nos maux.
Sans cesse déchiré par des tourments nouveaux,
J'irais traîner des jours que je déteste,
Je pourrais... Ciel!...

AIR.

Alceste, au nom des cieux,
Sois sensible au sort qui m'accable;
Ah! prends pitié d'un époux misérable
Et ne te livre point à ces tourments affreux.
Errant dans ce séjour qu'embellissaient tes charmes,
Je chercherais en vain la trace de tes pas..
En proie à la douleur, les yeux baignés de larmes,
Je pousserais des cris que tu n'entendrais pas.
Pour adoucir l'excès de ma misère,
J'irais embrasser nos enfants;
J'entendrais leurs plaintifs accents...
Je les verrais frémir à l'aspect de leur père,
Me reprocher ta mort, me demander leur mère!
Alceste, sois sensible, etc.

CHŒUR INVISIBLE.

Alceste! Alceste!

ALCESTE.

Je le sens, cher époux, tout mon cœur les partage
Ces tourments que ma mort va te faire souffrir!
Mais pour qu'Admète vive, Alceste doit mourir.
Rien ne saurait ébranler mon courage.
Aux cris de la douleur devenez accessibles,
Soyez attendris par mes pleurs!

ADMÈTE.

Aux cris du désespoir seriez-vous insensibles?
Soyez touchés de mes malheurs.

ALCESTE.

Des décrets du destin, ministres inflexibles,

ADMÈTE.

Obéissez à ses commandements.

ALCESTE *et* ADMÈTE.

Ne rejetez point ma prière.
Hâtez-vous, des Enfers ouvrez-moi la barrière,
Et terminez l'excès de mes tourments!

ADMÈTE.

Ne rejetez point ma prière;
Hâtez-vous, des Enfers ouvrez-moi la barrière,
Et terminez l'excès de mes tourments!

UN DIEU INFERNAL, *paraissant.*

Caron t'appelle, entends sa voix;
De la Parque un de vous doit être le partage.
Alceste, c'est à toi de décider son choix!
Caron t'appelle, entends sa voix;
Si tu révoques le vœu qui t'engage
Admète de la mort subira seul les lois!
Caron t'appelle, entends sa voix!

ALCESTE, *s'adressant aux divinités infernales qui entrent.*

Qu'il vive! et des Enfers ouvrez-moi le passage!

ADMÈTE.
Arrête! ô désespoir!

CHŒUR, *en scène.*
Alceste! Alceste!... le jour fuit,
Et le destin qui te poursuit
A marqué ton heure fatale.
Suis-nous dans la nuit infernale!

ALCESTE.
Adieu, cher époux!

ADMÈTE.
Arrêtez!

ALCESTE.
C'en est fait!

ADMÈTE.
Barbares déités,
Exercez sur moi seul votre rage inhumaine;
Ensevelissez-moi dans la nuit du trépas.

CHŒUR.
L'Enfer parle, obéis à sa voix souveraine!

ADMÈTE.
Vous n'arracherez point Alceste de mes bras,
Cruels!

ALCESTE.
Un pouvoir invincible m'entraîne.

CHŒUR.
L'enfer parle, obéis à sa voix souveraine!

ALCESTE, *sortant entraînée.*
O Dieux!

ADMÈTE.
Aux enfers, je suivrai tes pas.

SCÈNE V

ADMÈTE, HERCULE, Dieux infernaux.

HERCULE, *entrant*
Ami, leur rage est vaine,
Compte sur ma valeur.
Cédez troupe inhumaine,
Craignez mon bras vengeur!
(*Il poursuit les démons et il disparait avec eux.*)

ADMÈTE.
Que votre main barbare
Porte sur moi ses coups!

CHŒUR SOUTERRAIN.
Notre fureur est vaine,
Cédons à sa valeur
Le fils de Jupiter de l'Enfer est vainqueur!

HERCULE, *dans la coulisse*
Fuyez troupe inhumaine,
Craignez mon bras vengeur.

Le fils de Jupiter de l'Enfer est vainqueur!
(*Rentrant et soutenant Alceste.*)
Des mains de l'amitié, reçois mon cher Admète,
Le digne objet de ton ardeur.

ADMÈTE
Ah! ma félicité, je le sens, est parfaite
Puisque c'est d'un ami que je tiens le bonheur.

SCÈNE VI

HERCULE, ADMÈTE, ALCESTE, APOLLON.

APOLLON, *paraissant.*
Poursuis, ô digne fils du souverain des cieux,
Et l'immortalité deviendra ton partage.
Le ciel qui te regarde admire ton courage,
Et ta place est déjà marquée au rang des Dieux!
Vivez, heureux époux, pour servir de modèle
Aux mortels que l'hymen enchaîne sous ses lois.
Que ce séjour affreux disparaisse à ma voix!
(*Le théâtre change.*)

SCÈNE VII

Les Mêmes *moins* APOLLON, Le Peuple.

ADMÈTE.
O mes amis!...

ALCESTE.
O mes enfants!...

ADMÈTE.
Alceste m'est rendue.

ALCESTE.
Je vous revois, les dieux sont adoucis.

ADMÈTE.
Nos malheurs sont finis.

CHŒUR.
O moment fortuné, faveur inattendue

ADMÈTE.
C'est ce héros qui nous a réunis.

CHŒUR.
Vivez, aimez des jours dignes d'envie,
Jouissez du bonheur de combler les vœux
De l'épouse la plus chérie;
De rendre tout un peuple heureux.
Grâce au héros, à l'ami généreux
Qui des Enfers vous a ravie,
Vivant pour nous, pour la patrie,
Vos jours seront bénis des Dieux.
(*Le rideau baisse*)

FIN

THÉATRE DE L'OPÉRA.

Pièces en vente à la librairie de Mme Ve Jonas, éditeur,

RUE MANDAR, 4, ET RUE MONTMARTRE, 77.

OPÉRAS.

La Muette de Portici, 5 actes.	Le Philtre, 2 actes.
Robert le Diable, 5 actes.	Don Juan, 5 actes.
Le Lac des Fées, 5 actes.	Le Dieu et la Bayadère, 2 actes.
Guillaume Tell, 3 actes.	Le Comte Ory, 2 actes.
La Juive, 5 actes.	Richard en Palestine, 3 actes.
Les Huguenots, 5 actes.	Robert Bruce, 4 actes.
Guido et Ginevra, 5 actes.	La Bouquetière, 1 acte.
Benvenuto Cellini.	L'Ame en Peine, 2 actes.
La Vendetta, 3 actes.	Le Freischutz, 3 actes.
La Xacarilla, 2 actes.	L'Etoile de Séville, 1 acte.
Gustave, 5 actes.	Marie Stuart, 5 actes.
Les Martyrs, 4 actes.	Jérusalem, 4 actes.
Stradella, 3 actes.	L'Apparition, 2 actes.
La Favorite, 4 actes.	Jeanne la Folle, 5 actes.
Le Comte Carmagnola, 2 actes.	Le Prophète, 5 actes.
La Reine de Chypre, 5 actes.	Le Fanal, 2 actes.
Charles VI, 5 actes.	Sapho, 3 actes.
Le Guérillero, 2 actes.	Démon de la Nuit, 2 actes.
Le Vaisseau Fantôme, 2 actes.	L'Enfant prodigue, 5 actes.
Don Sébastien de Portugal, 5 actes.	La Corbeille d'Oranges, 3 actes.
Le Lazzarone, 2 actes.	Le Juif errant.
Le Serment, 3 actes.	La Fronde.
La Vestale, 5 actes.	Louise Miller.
Fernand Cortez, 3 actes.	Le Maître-Chanteur, opéra en 2 actes.
Moïse, 3 actes.	Le Cheval de Bronze, opéra en 4 actes.

BALLETS.

La Révolte des Femmes.	Betty.
Le Diable Boiteux.	Ozaï.
La Chatte métamorphosée en Femme.	La Fille de Marbre.
La Gypsy.	Griseldis.
La Tarentule.	Nisida.
La Tempête.	La Vivandière.
La Sylphide.	Le Violon du Diable.
Le Diable amoureux.	La Filleule des Fées.
Giselle.	Paquerette.
Les Noces de Gamache.	Vert-Vert.
La Jolie Fille de Gand.	Orfa.
La Péri.	L'Atellane.
Lady Henriette.	Jovita, ou les Boucaniers.
Le Diable a Quatre.	Le Corsaire.
Paquita.	Les Elfes.

Et le Répertoire complet des pièces de l'Opéra ancien et nouveau.

PIÈCES DIVERSES.

Le Veuf du Malabar, opéra comique en 1 acte, par MM. *Siraudin* et *Adrien Robert*, musique de *M. Doche*. Prix : 60 c.
Le Château de Barbe-Bleue, opéra comique, par *M. Saint-Georges*, musique de *M. Limnander*.
Mlle de Chaisy, comédie-vaud. en 2 actes, par MM. *de Saint-Georges* et *B. Lopez*.

PARIS.— Typographie Monnis et Comp., rue Amelot, 64.

www.ingramcontent.com/pod-product-compliance
Lightning Source LLC
Chambersburg PA
CBHW060610050426
42451CB00011B/2170